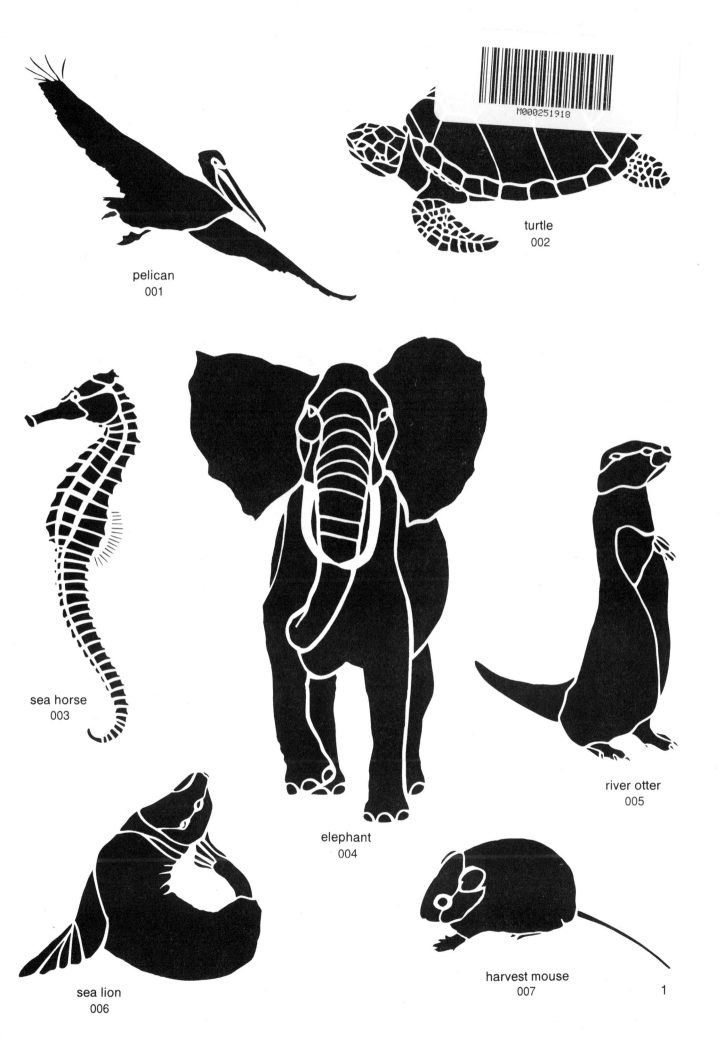

pelican
001

turtle
002

M000251918

sea horse
003

elephant
004

river otter
005

sea lion
006

harvest mouse
007

1

dolphin
008

pygmy hippopotamus
009

ladybugs
010

011

black rhinoceros
012

evening bat
013

badger
014

crow
015

2

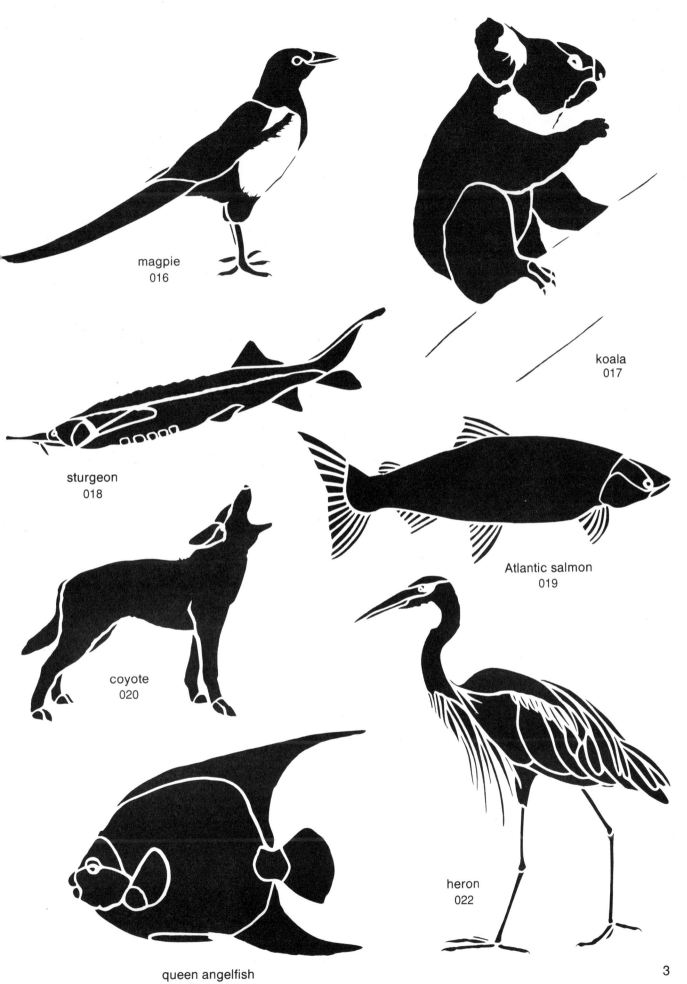

magpie
016

koala
017

sturgeon
018

Atlantic salmon
019

coyote
020

queen angelfish
021

heron
022

3

flamingo
023

lion
024

raccoon
025

baboon
026

zebra
027

titmouse
028

sockeye salmon
029

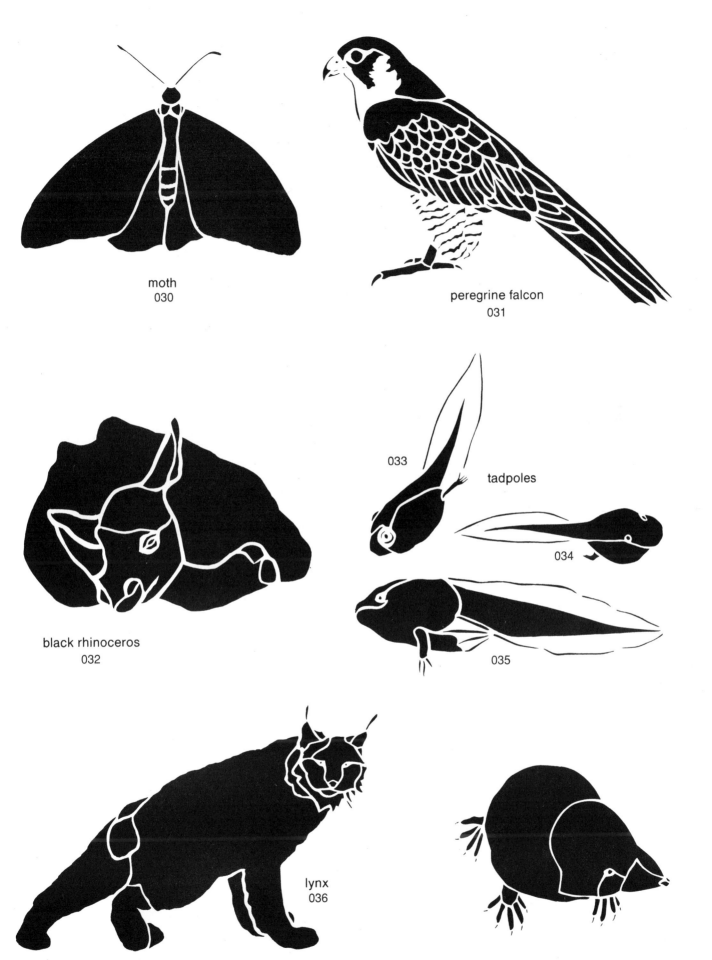

moth
030

peregrine falcon
031

black rhinoceros
032

033

tadpoles

034

035

lynx
036

short-tailed shrew
037

5

great white shark
038

fly
039

Barbary apes
040

Indian rhinoceros
041

marten
042

panda
043

6

porcupine
044

eastern mole
045

tortoise
046

salamander
047

chipmunk
048

blue crab
049

pig-tailed macaque
050

bird of paradise
051

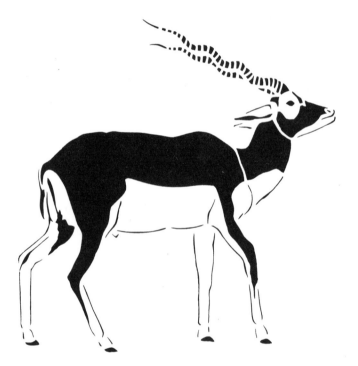

blackbuck (male)
052

vulture
053

barracuda
054

prairie dog
055

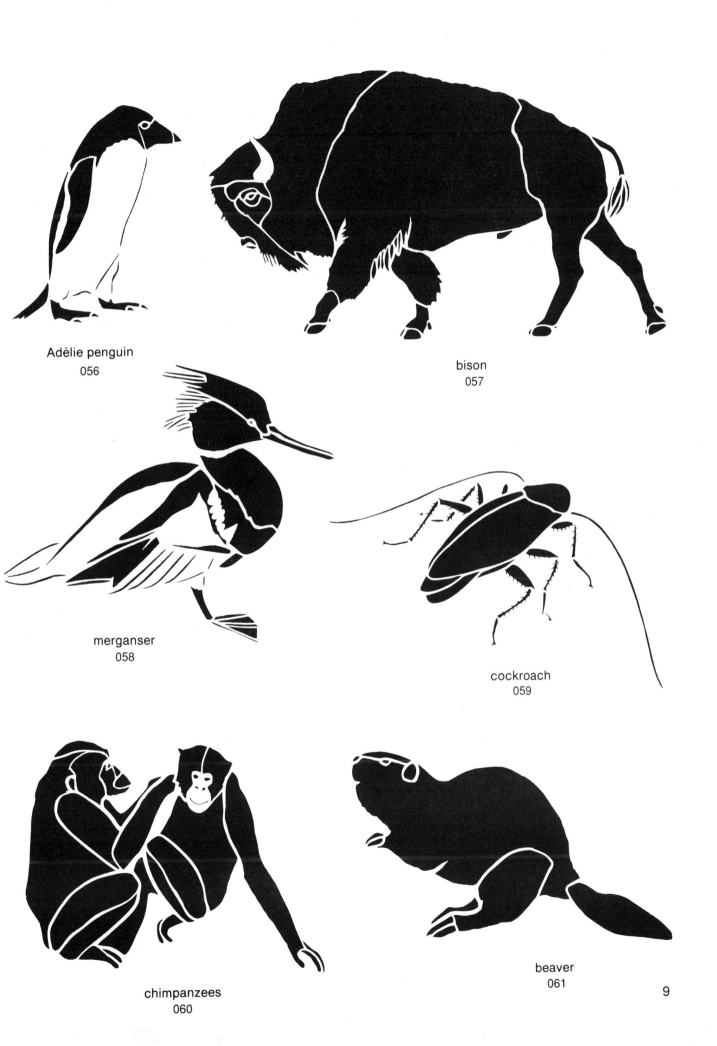

Adélie penguin
056

bison
057

merganser
058

cockroach
059

chimpanzees
060

beaver
061

9

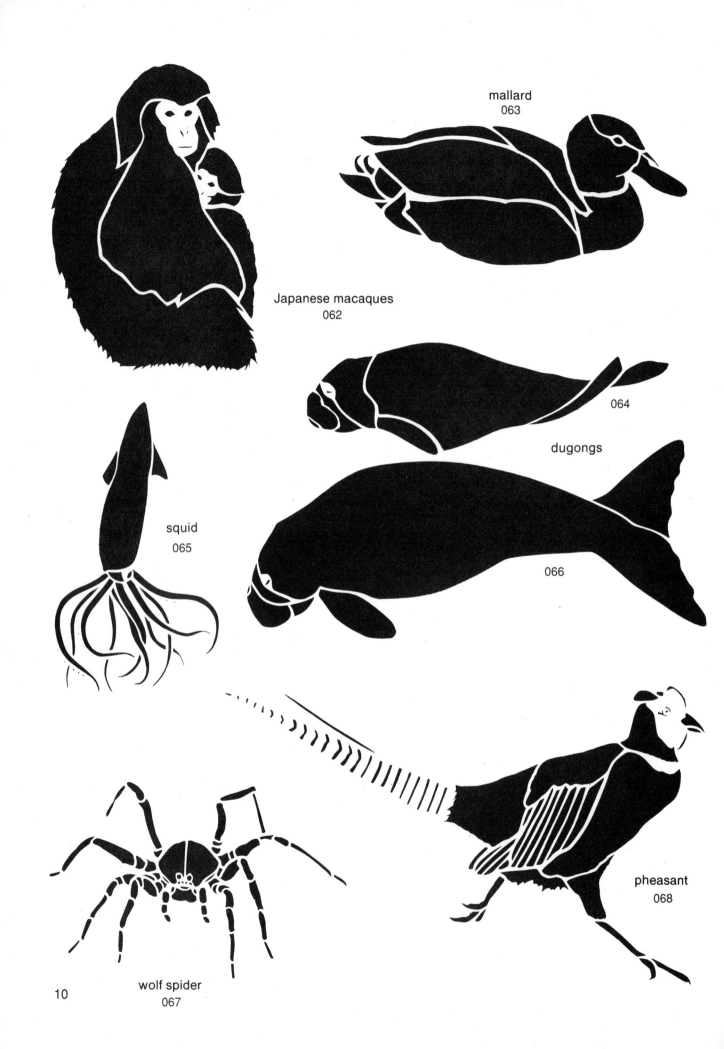

mallard
063

Japanese macaques
062

064

dugongs

squid
065

066

wolf spider
067

pheasant
068

10

Trans-Pecos copperhead
069

yellowfin tuna
070

green ringtail
071

Wahlberg's epauletted bat
072

hippopotamus
073

ant
074

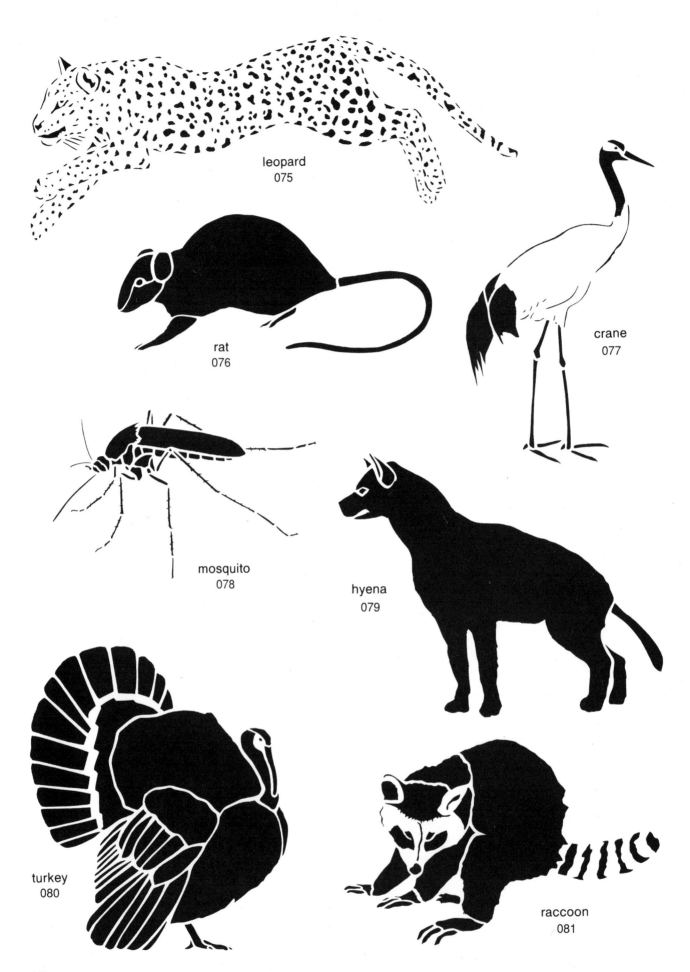

leopard
075

rat
076

crane
077

mosquito
078

hyena
079

turkey
080

raccoon
081

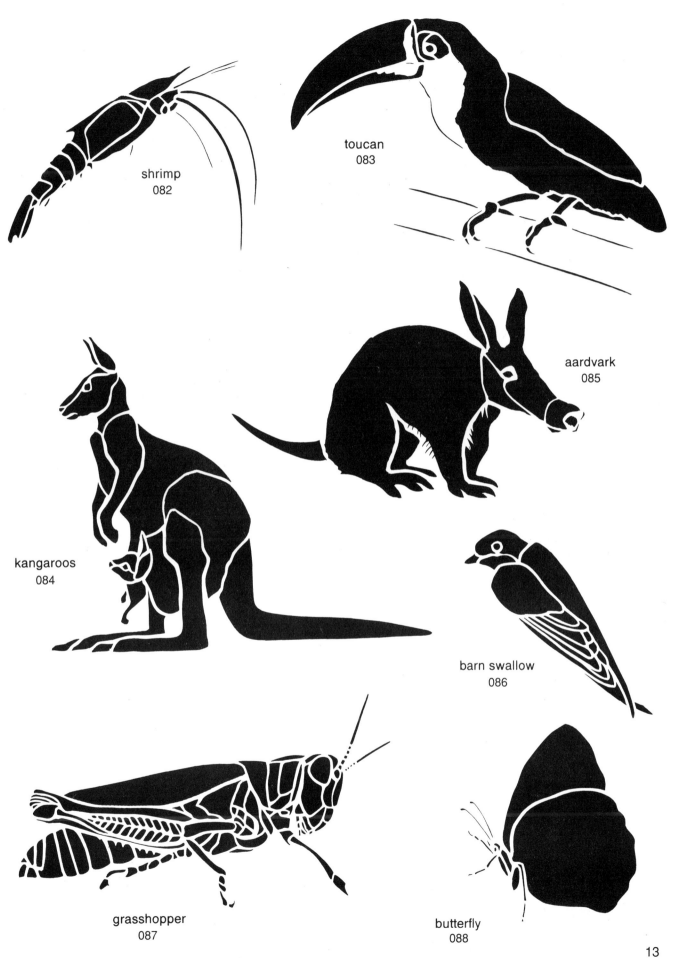

shrimp
082

toucan
083

kangaroos
084

aardvark
085

barn swallow
086

grasshopper
087

butterfly
088

13

carp
089

two-toed sloth
090

stingray
091

dove
092

armadillo
093

chickadee
094

panda
095

woodpecker
096

wildebeest
097

parakeet
098

cutthroat trout
099

echidna
100

numbat
101

lioness
102

opossum
103

15

seagull
104

wasp
105

walrus
106

deer mouse
107

puffin
108

pronghorn
109

16

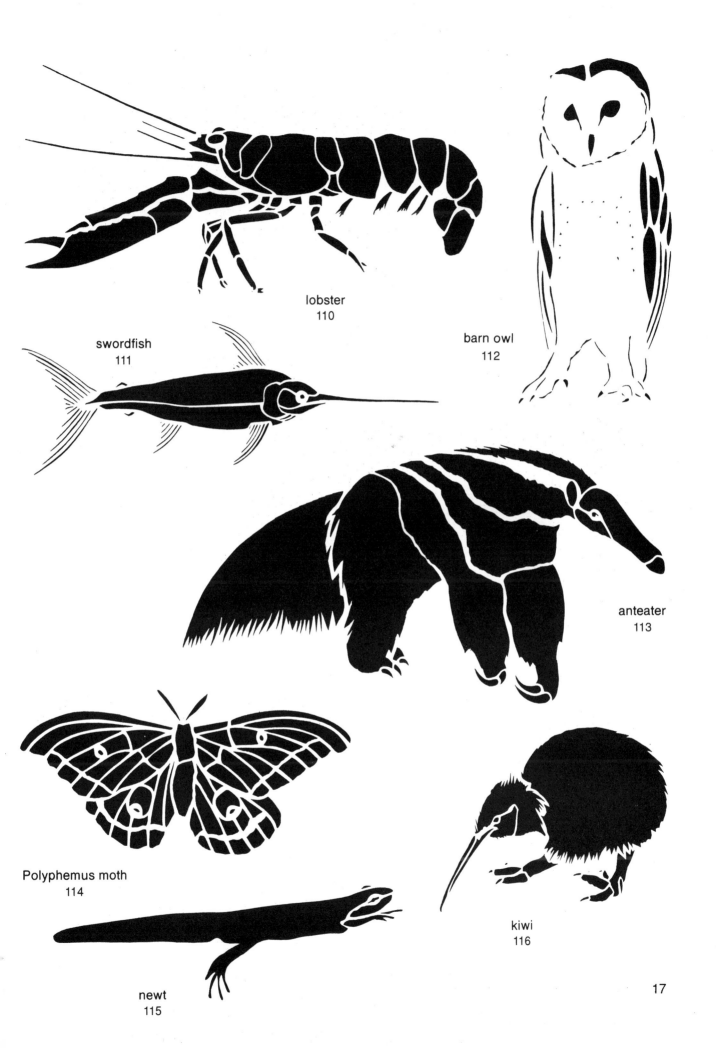

lobster
110

swordfish
111

barn owl
112

anteater
113

Polyphemus moth
114

newt
115

kiwi
116

17

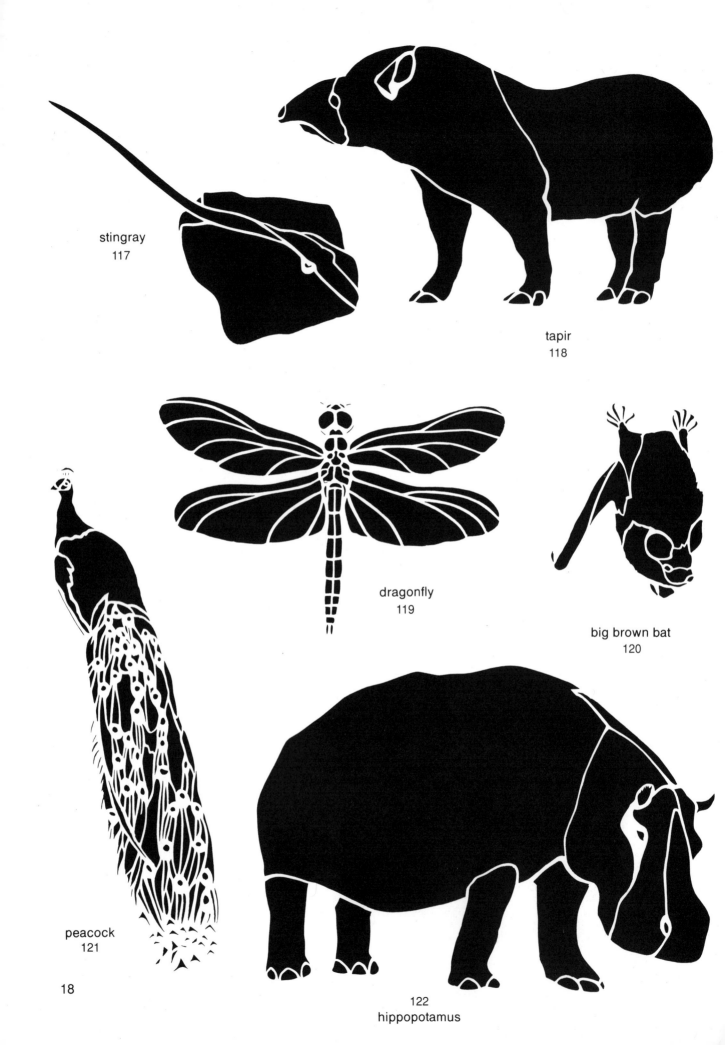

stingray
117

tapir
118

dragonfly
119

big brown bat
120

peacock
121

18

122
hippopotamus

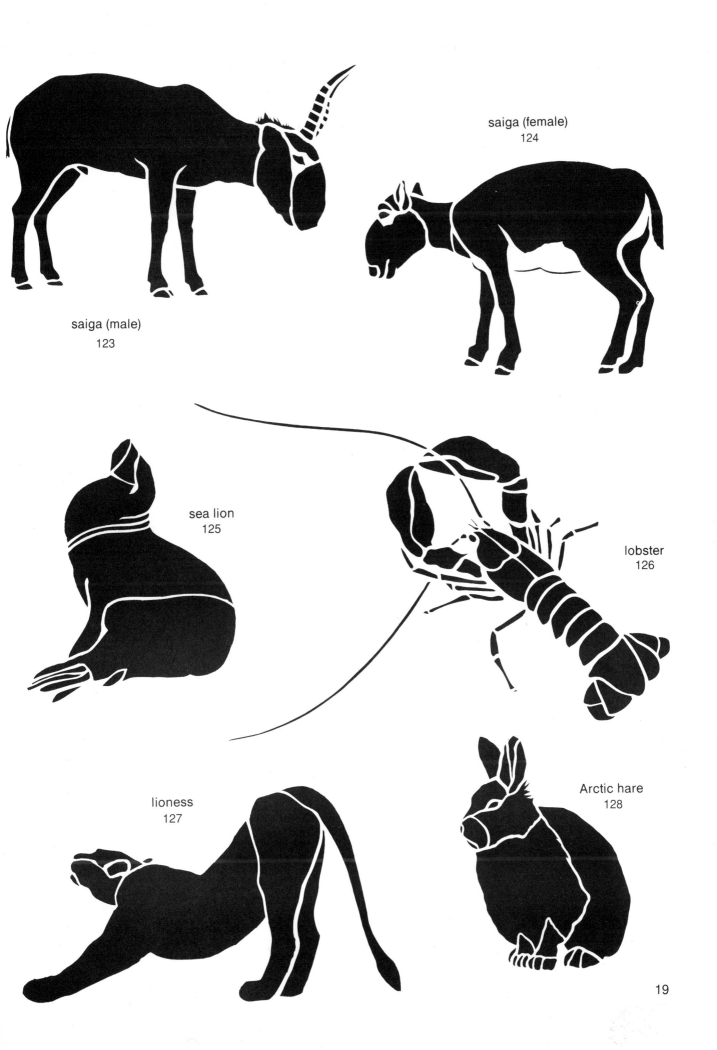

saiga (female)
124

saiga (male)
123

sea lion
125

lobster
126

lioness
127

Arctic hare
128

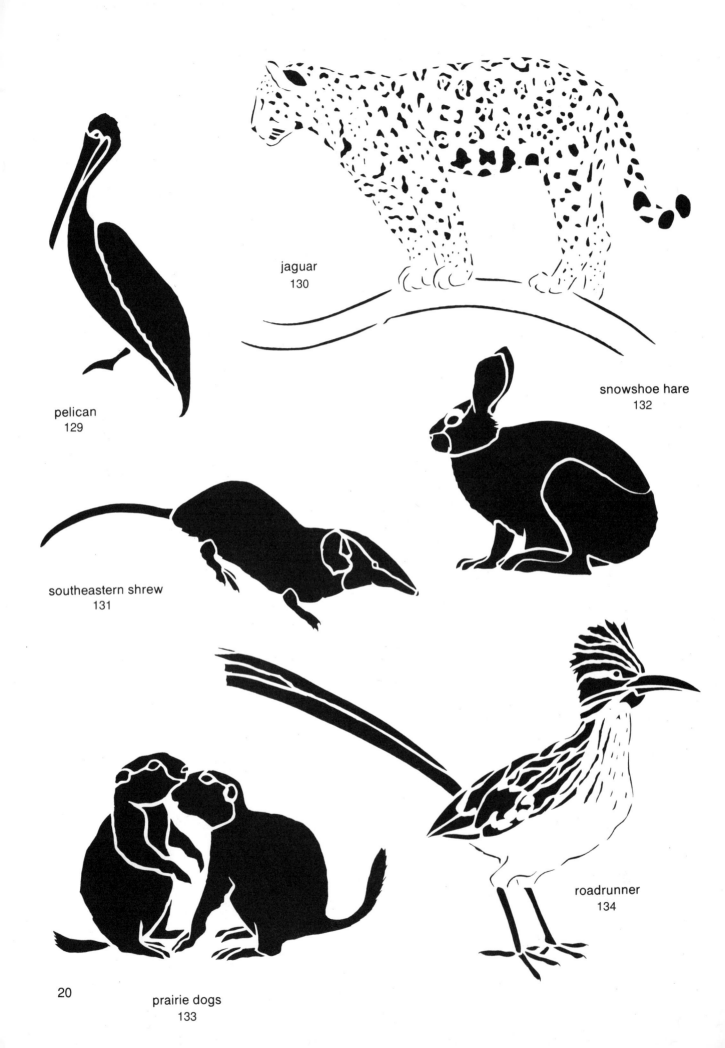

jaguar
130

pelican
129

snowshoe hare
132

southeastern shrew
131

roadrunner
134

20 prairie dogs
133

okapi
135

puffin
136

bee
137

sea lion
138

black rhinoceros
139

koala
140

21

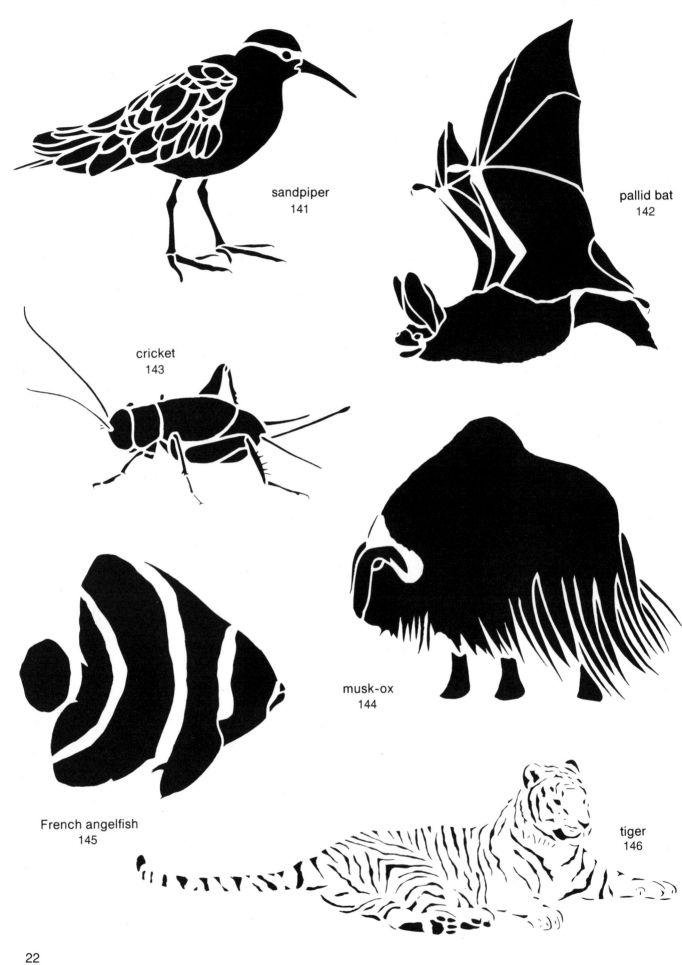

sandpiper
141

pallid bat
142

cricket
143

musk-ox
144

French angelfish
145

tiger
146

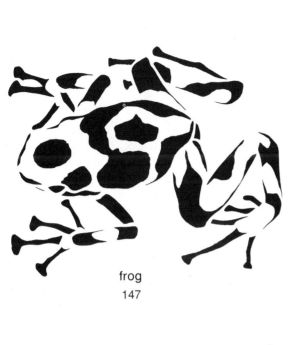

frog
147

stork
148

kinglet
149

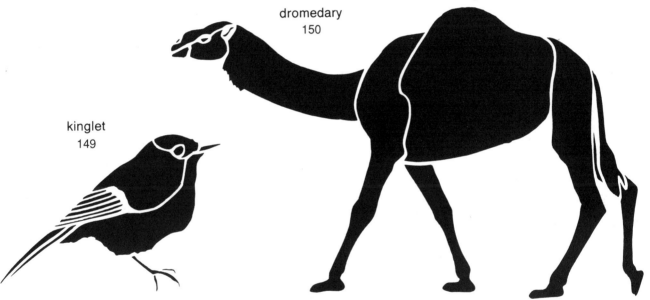

dromedary
150

raccoon
151

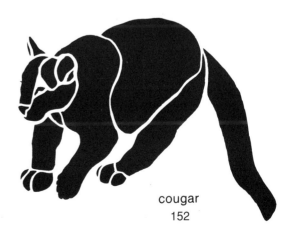

cougar
152

23

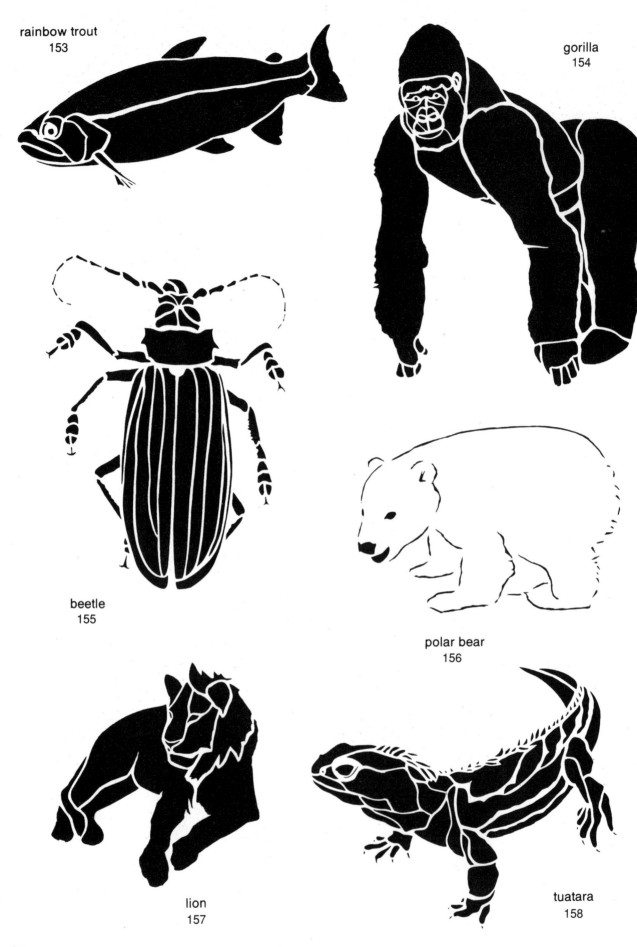

rainbow trout
153

gorilla
154

beetle
155

polar bear
156

lion
157

tuatara
158

desert cottontail
159

panda
160

nine-banded armadillo
161

caribou
162

ostrich
163

swordfish
164

squirrel
165

grizzly bear
166

raccoon
167

blackbuck (female)
168

humpback whale
169

panda
170

hummingbird
171

klipspringer
172

cougar
173

giraffe
174

mandrill
175

blue shark
176

27

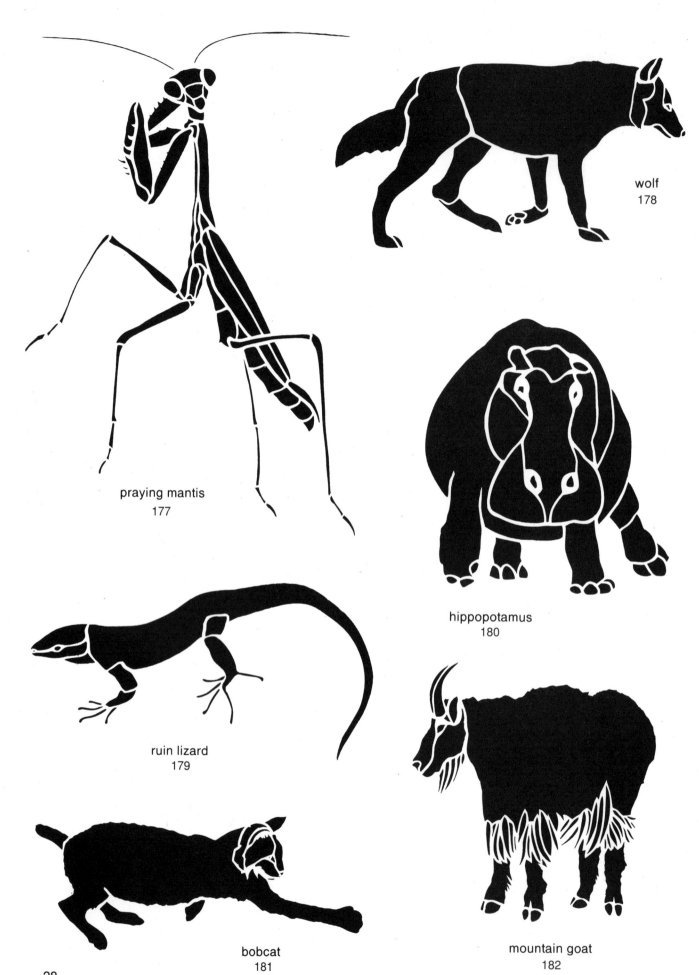

praying mantis
177

wolf
178

ruin lizard
179

hippopotamus
180

bobcat
181

mountain goat
182

chevrotain
183

mule deer
184

spadefoot toad
185

moray eel
186

marmot
187

walrus
188

29

orangutan
189

starry flounder
190

oriole
191

whitetail deer
192

moose
193

alligator
194

30

warthog
195

platypus
196

sea eagle
197

Barbary sheep
198

southern toad
199

scorpion
200

star-nosed mole
201

31

ermine
202

dolphin
203

wombat
204

emperor penguin
205

linsang
206

polar bear
207

Indian tailorbird
208

skunk
209

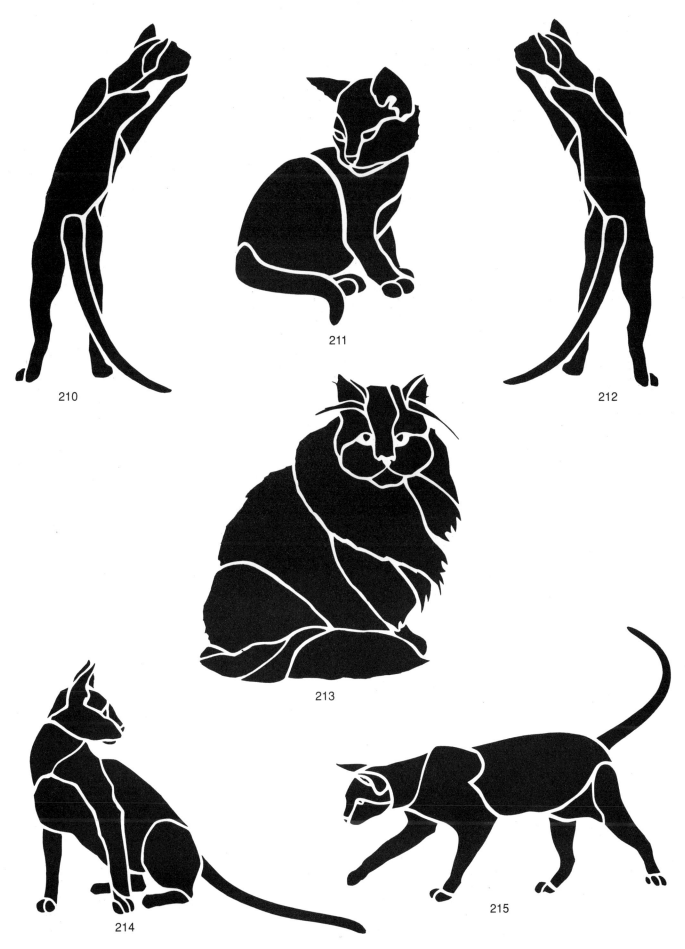

210

211

212

213

214

215

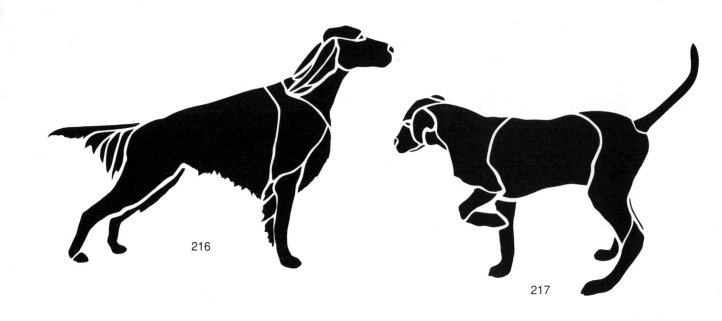

216

217

218

219

220

221

222

223

224

225

226

227

228

229

230

231

232

36   rabbits

233

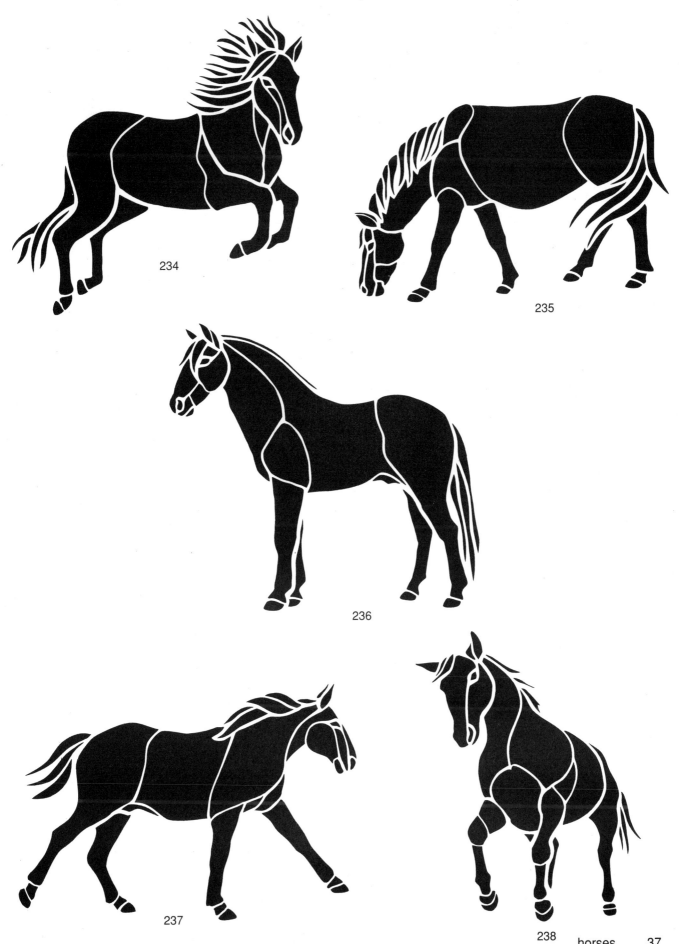

234

235

236

237

239

240

241

38   donkey, horse

242

243

244

245

246

247

248

249

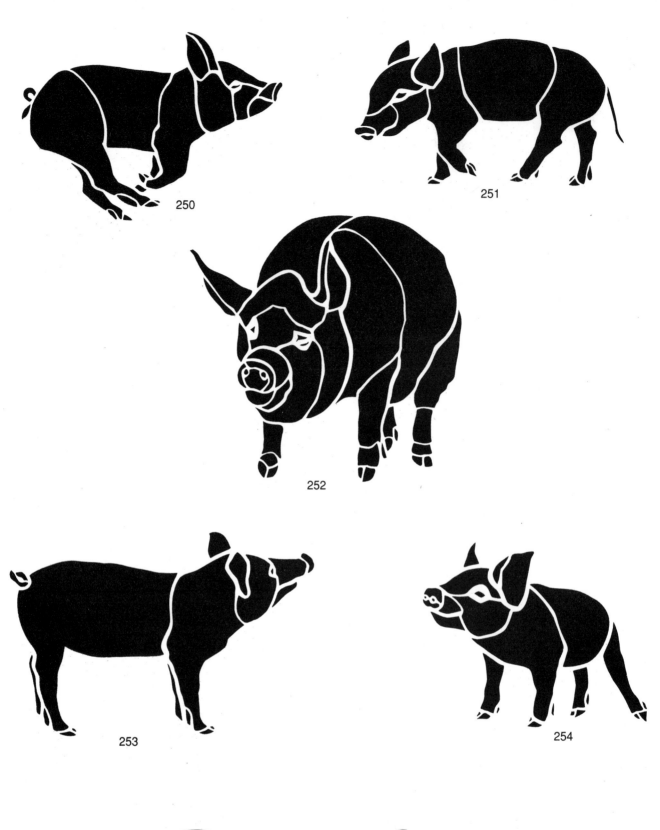

250

251

252

253

254

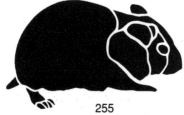

255

256

257

258

259

260

261

262

263

264

265

266

267

268

269

270

271

272

273

274

275

276

277

278

279

280

281

282

44   geese, turkeys

283

284

285

286

287

288

cockatiels, doves, parakeets   45

289

290

291

292

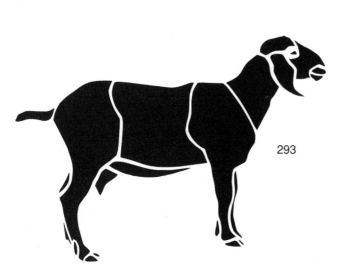

293

294

46   sheep, goats

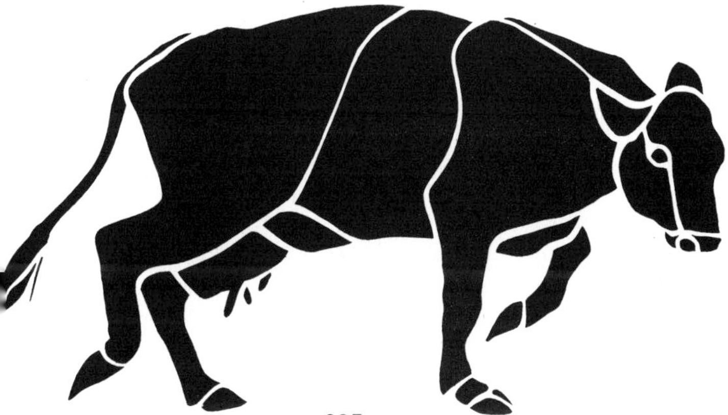

295

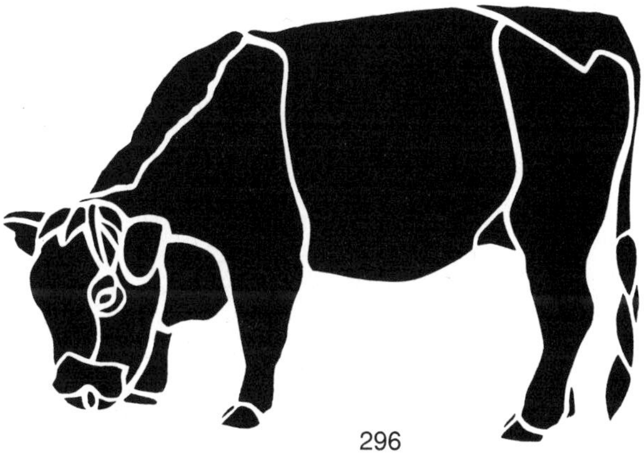

296

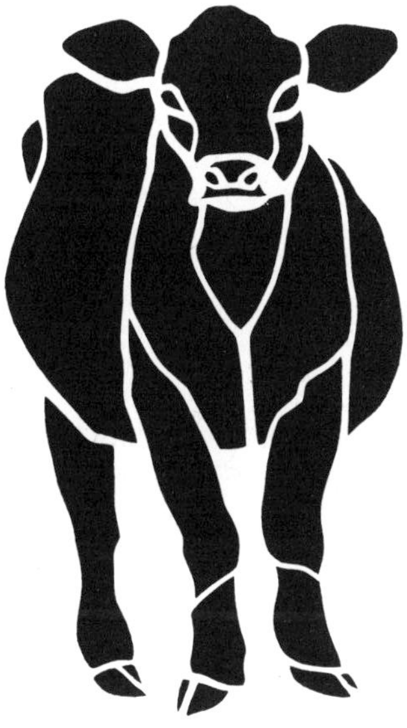

297

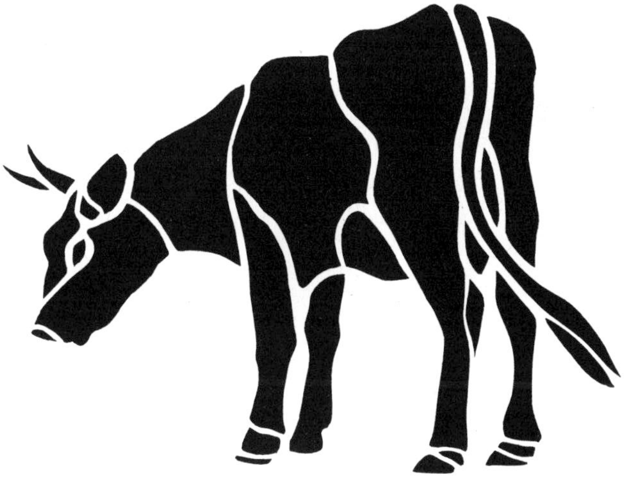

298

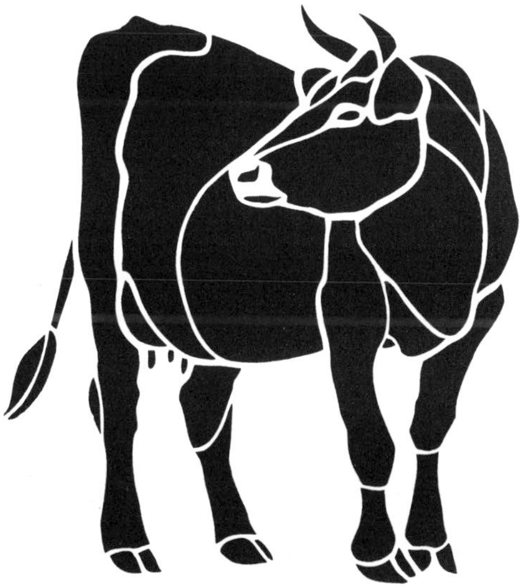

299

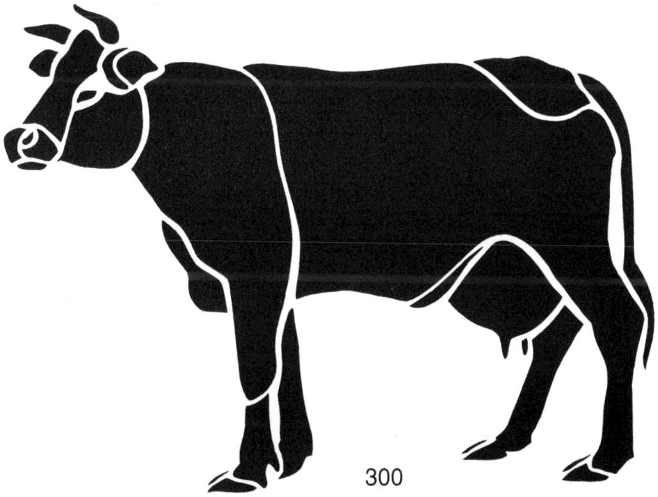

300

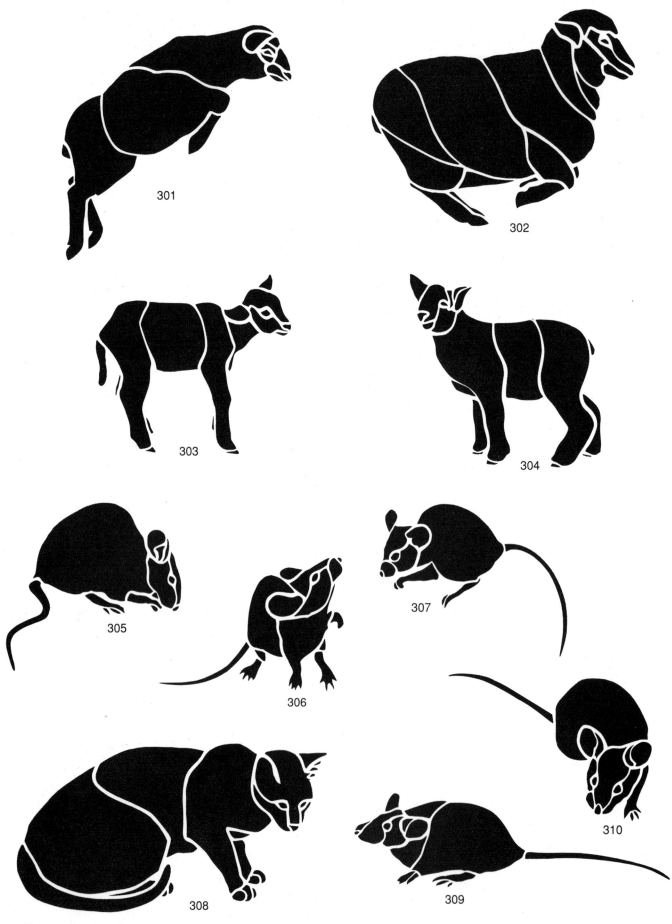

301

302

303

304

305

306

307

308

309

310

sheep, mice, cat